EMMANUELLE DUFAURE

illustrations
Wild Amanda

Petit défouloir émotionnel

LAROUSSE

Petit défouloir émotionnel

UN DÉFOULOIR D'ÉCRITURE POUR QUOI FAIRE ?

Et si l'on commençait par une petite définition...

Défouloir : *Se dit de quelque chose ou d'un lieu qui permet à une personne de décompresser, de se libérer d'une tension.* Synonyme : *exutoire.*

TON JOURNAL DE L'« INAVOUABLE »

N'as-tu jamais rêvé d'avoir un punching-ball à portée de main pour évacuer une émotion trop forte ? N'as-tu pas souhaité, certains jours, posséder une île déserte ou une cabane perchée dans les arbres pour y laisser exploser rires et larmes, y murmurer secrets et chagrins, comme si tu avais encore dix ans ?

Ce défouloir créatif est tout ça à la fois :

PUNCHING-BALL,
CONFESSIONNAL,
ÎLE DÉSERTE.

Car l'écriture, en revenant à la source des émotions et du langage, a un pouvoir libérateur instantané. Les mots échangés comme une monnaie courante dans la vie sociale s'usent, perdent souvent leur vertu première et peuvent devenir une arme à double tranchant, qui se retourne contre nous. Sur les réseaux sociaux, où l'apparence et les images priment, on fait « comme si ». Et certaines phrases y sont dégainées à tort et à travers et deviennent même blessantes. Tu as peut-être déjà ressenti cela. Il est essentiel de sauvegarder le mystère des êtres, de préserver aussi un terrain d'enfance avec petits secrets et grands fous rires.

De nos jours, plus que jamais, il y a nécessité à se reconnecter à ce lieu sécurisant, ce *sweet home*. Un espace de calme et de solitude pour récupérer nos sentiments et nos pensées, les soustraire aux lois d'Instagram, TikTok, où tout se juge à la vitesse de l'éclair.

A contrario de la mode actuelle, ce défouloir créatif te propose donc un mouvement de repli stratégique vers ton espace émotif. Comme si tu retournais sur tes traces. Et tu pourras prendre tout ton temps pour explorer ces pages 100 % privées. Personne ne les lira. Dossier ultraconfidentiel.

Dans cet abri de création, tes mots vont pouvoir reprendre des couleurs : les tiennes, tes couleurs primaires. Comment sont peints les murs de ta vie ? Quel est ton nuancier émotionnel ? Peut-être que tu t'étonneras parfois et même t'émerveilleras des effets de contraste révélés par l'écriture et ta mise en mots. Tu seras ton·ta propre décorateur·rice d'intérieur !

TA MACHINE À VOYAGER DANS LE TEMPS

Pour entraîner ton stylo loin des faux-semblants et de tout ce qui pourrait limiter ton expression originale, ce défouloir te propose un parcours thématique au fil du temps. Comme une sorte *d'escape game* de l'intime. Cette aventure se déploie en trois dimensions intérieures, trois époques : au passé, au présent, au futur. Ces parties t'invitent à explorer des ressentis corporels différents à chaque fois que tu passes d'une époque à l'autre. Les émotions s'éprouvent dans le corps, avant tout et surtout. Quel regard singulier as-tu posé durant ton enfance sur ton entourage affectif ? Comment ancres-tu aujourd'hui tes pieds sur le sol quotidien ? À quelle cadence bat ton cœur quand il rêve ou fait des projets d'avenir ?

Tu peux suivre le fil chronologique, respecter la structure de ce défouloir pour vivre cette expérience corporelle et créative dans sa continuité. Mais tu restes le maître absolu du jeu. Tu peux sauter d'un chapitre ou d'une page à l'autre, t'évader quand tu le souhaites, jouer comme bon te semble avec ta machine à voyager dans le temps suivant tes inspirations, ton besoin de respiration et tes résistances de l'instant.

Les émotions ne sont pas fixes mais fluctuantes. Elles épousent le cours d'une existence, elles se métamorphosent sur un chemin de vie. Elles se perdent parfois lors d'une bifurcation ou d'un événement complexe et ne sonnent plus juste. Le « faux self » est une notion connue en psychologie. C'est un mécanisme de défense naturel, d'ailleurs nécessaire à notre équilibre, pour faire face à l'environnement, s'y adapter, se protéger aussi des autres. Mais trop systématiquement déployé, le « faux self » peut parfois couper l'être de ses émotions authentiques. On cherche tellement à satisfaire tout le monde, sa famille, ses amis, ses amours, ses collègues, qu'on finit par projeter sa vie plus qu'on ne la vit vraiment.

Alors dans ce petit défouloir, ton écriture ne sera pas toujours polie ni convenable. Elle sera avant tout libérée et délivrée !

CHARTE DU PETIT DÉFOULOIR ÉMOTIONNEL

Avant de commencer, quelques règles du jeu :

- Toujours tu viendras dans mes pages tel·le que tu es (agressif·ve, euphorique, mélancolique, amoureux·se…). Tout état émotionnel est accepté.
- Pour arme d'action, un crayon à papier de préférence tu adopteras (parce qu'on peut griffonner dans les coins et qu'on peut toujours effacer !).
- Avec toi, le plus souvent, tu m'emporteras afin de me sortir à tes moments perdus.
- Jamais tu ne censureras ta pensée, tes actions et surtout ton imaginaire.
- Jamais aux sirènes de la culpabilité tu ne céderas.
- Jamais tu ne m'exhiberas car mon silence est d'or.

Et sache, avant de te lancer, que je te considère avec une bienveillance infinie…

AU PASSÉ

Mon regard entre deux eaux

« Si tu vois double ou trouble, c'est que tu vois en profondeur ! »

Il suffit parfois d'un simple mot tracé sur la page. Un seul qui sert de déclencheur. On ne sait pas vraiment comment il surgit, ni pourquoi, mais il est là. Il s'impose. Il évoque un jouet cassé et oublié dans une malle, la caresse d'une voix parentale ou l'odeur amère d'un fruit. Et d'un seul coup le passé remonte à la surface, alors que tu ne t'y attendais pas. L'enfant en toi s'exprime à nouveau. Avec ses gros chagrins et ses colères, ses timidités et ses excès. C'est la puissance de l'écriture que de faire renaître les sentiments tels quels et de prendre le temps à rebours. C'est la promesse de ce défouloir. Te regarder sans tricher, pour de vrai. Alors ose aller prendre cet enfant par la main. Ce double de toi-même t'indique qui tu es et surtout qui tu peux devenir. Il est ta source originelle.

MES PREMIERS VERBES

Je continue la phrase comme ça me vient, sans réfléchir.

Si je te dis **RESPIRER**, tu écris ....

Si je te dis **PLEURER**, tu écris ....

Si je te dis **CRIER**, tu écris ....

Si je te dis **LIBÉRER**, tu écris ....

Si je te dis **PENSER**, tu écris ....

Si je te dis **SOURIRE**, tu écris ....

Si je te dis **GLISSER**, tu écris ....

Si je te dis **BOIRE**, tu écris ....

Si je te dis **TREMBLER**, tu écris ....

Si je te dis **MARCHER**, tu écris ....

Si je te dis **CACHER**, tu écris ....

Si je te dis **REVENIR**, tu écris ....

LES LIENS

Je relie chacun de ces mots à une ou plusieurs émotions primaires que je ressens à leur évocation.

SAC À DOS •	• JOIE
COULOIR •	• TRISTESSE
GOÛTER •	• PEUR
BOUGIE •	• AMOUR
MANÈGE •	• DÉGOÛT
PÂQUERETTE •	• HONTE
DEVOIRS •	• COLÈRE
COURSE •	• SURPRISE

Parmi ces émotions, je recopie en gros et en lettres capitales celle que j'ai le plus reliée : ....

Je choisis une couleur pour cette émotion dominante :........................

J'ajoute aussi toutes mes autres nuances émotionnelles personnelles :

....

....

....

MA NAISSANCE

Heure de départ (des contractions ou pour la maternité) : ....

Heure de mon arrivée : ....

Poids : ....

Taille : ....

Lieu : ....

Météo du jour : ....

....

....

Premier vêtement : ....

....

....

Premier doudou : ....

....

....

Ce que mes parents m'ont raconté : ....

....

....

Ce qu'ils ne m'ont jamais dit : ....

....

....

....

Je commente la scène de mon entrée dans le monde façon reportage en direct sur un ton comique, dramatique, réaliste ou poétique, au choix.
J'ajoute à l'événement tous les détails de mon invention.

MES GROSSES COLÈRES...

La + interminable : ....

....

....

....

....

La + capricieuse : ....

....

....

....

....

La + ridicule : ....

....

....

....

....

La + courageuse : ....

....

....

....

....

....

... ET MES PETITES JALOUSIES

Je les laisse enfin sortir sans culpabilité !

La + étonnante : ....

....

....

....

La + obsédante : ....

....

....

....

La + secrète : ....

....

....

....

La + éphémère : ....

....

....

....

La + agressive : ....

....

....

....

TOP 5 DE MES TICS ET MES TOC

Tu ne peux t'en passer (te ronger les ongles, lécher ton assiette...) ? Inscris-les par ordre de préférence et raconte leur origine.

1. ....

Depuis..

....

....

2. ....

Depuis..

....

....

3. ....

Depuis..

....

....

4. ....

Depuis..

....

....

5. ....

Depuis..

....

....

TOP 5 DE MES BIZARRERIES

Ces choses que personne n'aimait en général (l'odeur de la colle, les araignées...), toi, tu les affectionnais particulièrement et tu les affectionnes peut-être encore.

1. ....

Parce que..

....

2. ....

Parce que..

....

....

3. ....

Parce que..

....

....

4. ....

Parce que..

....

....

5. ....

Parce que..

....

....

SOUVENIRS ET GROS BLANCS

Je fais mon tri sélectif.

Deux souvenirs heureux dans ma maison d'enfance :

1. ....

....

....

2. ....

....

....

Un malheureux (à barrer après écriture) : ....

....

....

....

....

....

Deux souvenirs heureux à l'école :

1. ....

....

....

2. ....

....

....

Un malheureux (à barrer après écriture) : ....

....

....

....

....

Je ne me souviens pas vraiment de : ....

....

....

....

....

Très mal de : ....

....

....

....

....

Et je ne me souviens plus de tout de : ....

....

....

....

....

....

....

MOI, 100 % NATURE

Retrouve les animaux et/ou les insectes auxquels tu ressemblais le plus dans l'enfance, ceux dont les comportements et le caractère te paraissent les plus proches du tien.

- ☐ Le hérisson anxieux qui dresse ses piquants
- ☐ Le lion autoritaire qui rugit
- ☐ La tortue qui lambine
- ☐ Le poisson-clown qui ne sort pas de son anémone
- ☐ Le caméléon qui se fond dans le décor
- ☐ Le pinson qui chante du matin au soir
- ☐ Le loup qui ne se déplace qu'en meute
- ☐ L'araignée qui tisse sa toile dans un coin
- ☐ Le cheval fougueux
- ☐ Le papillon qui passe d'une fleur à l'autre
- ☐ Le mouton qui suit le troupeau
- ☐ La coccinelle porte-bonheur
- ☐ Le chat solitaire qui dort sur les radiateurs
- ☐ Le lapin tout doux
- ☐ La petite souris qui se faufile partout

Raconte cette anecdote mémorable où ton tempérament sauvage a pris le dessus.

....

....

....

....

Quel monstre merveilleux était toujours à tes côtés, ou aurais-tu aimé avoir à tes côtés (sous ton oreiller, dans le placard ou ailleurs) ? Décris-le.

Fais un croquis de lui maintenant, en petit, dans un recoin de cette feuille. Laisse-lui du blanc autour pour qu'il puisse respirer.

RUISSEAU DE MOTS

Mon premier mot :

....

Mot difficile à écrire :

....

Mot tout simple :

....

Mot fleuri :

....

Mot froid :

....

Mot généreux :

....

Mot aimable :

....

Mot savoureux :

....

Mot maritime :

....

Mot détestable :

....

Mot précieux :

....

Mot savant :

....

Mot magique :

....

Mot du matin :

....

Mot perdu :

....

Mot dictateur :

....

Mot préféré :

....

Mot caresse :

....

Mot du soir :

....

Mot quotidien :

....

Mot scolaire :

....

Mot hypocrite :

....

Mot rouge :

....

Mot poli :

....

Mot incompréhensible :

....

Mot qui me manque :

....

Mot taquin :

....

PHRASES ASSASSINES

Elles t'ont étiqueté·e et t'ont assigné une identité qui n'était pas la tienne.

1. Ce qu'on a dit de moi dans ma famille : ....

....

....

....

....

2. Ce qu'un•e ami•e a dit de moi : ....

....

....

....

....

3. Ce qu'on a dit de moi à l'école : ....

....

....

....

....

4. Ce qu'on a dit de moi sur le plan sentimental : ....

....

....

....

....

Réplique du tac au tac pour corriger ces injustices !

1. Moi, je dis aujourd'hui que ……………………………………

……………………………………………………………

……………………………………………………………

……………………………………………………………

……………………………………………………………

2. Moi, je dis aujourd'hui que ……………………………………

……………………………………………………………

……………………………………………………………

……………………………………………………………

……………………………………………………………

3. Moi, je dis aujourd'hui que ……………………………………

……………………………………………………………

……………………………………………………………

……………………………………………………………

……………………………………………………………

4. Moi, je dis aujourd'hui que ……………………………………

……………………………………………………………

……………………………………………………………

……………………………………………………………

……………………………………………………………

JEUX

Entoure dans cette liste ceux qui te mettaient en transe dans la cour de récré.

LA MARELLE

LES PYRAMIDES HUMAINES

LA CORDE À SAUTER

LES TOUPIES

LES COCOTTES EN PAPIER

1, 2, 3, SOLEIL !

L'ÉPERVIER

COLIN-MAILLARD

L'ÉLASTIQUE

LOUP-GAROU

LES CARTES POKÉMON

CACHE-CACHE

CHAT PERCHÉ

ACTION-VÉRITÉ

LES PARTIES DE BILLES

LA BALLE AUX PRISONNIERS

....

....

....

....

Quand j'allais à la fête foraine ou dans un parc d'attraction, il y avait aussi ....

....

....

Quand j'allais à la piscine ou à la patinoire, il y avait aussi ....

....

....

Dans ma chambre, il y avait aussi ces jeux totalement originaux (dont j'avais fixé les règles moi-même) : ....

....

....

....

Sur les écrans, il y avait aussi ....

....

....

....

Encore aujourd'hui (mais chut, top secret !), je joue à ....

....

....

....

Bonus : indique ci-dessous ton nombre record de ricochets dans l'eau, de sauts à la corde, de pompes, de grains de raisin ou de petits-suisses dans la bouche ou autres records encore moins glorieux.

....

OBJETS FAMILIERS

Celui auquel je parlais, mon confident d'enfance (et qui me répondait, rien d'étrange à cela) : ....

....

....

....

Celui qui a été perdu (et ce fut LE DRAME !) : ....

....

....

....

Celui qui a été jeté ou cassé (et j'en veux toujours à la personne responsable) : ....

....

....

....

Celui que j'ai acheté moi-même avec mes petites économies, pour la première fois (avec un sentiment de fierté) : ....

....

....

....

Celui qu'on m'a offert un jour par amour (il brille encore) : ....

....

....

....

Celui très kitch qu'on m'a donné et dont j'aimerais bien me débarrasser (mine de rien) : ……………………………

……………………………

……………………………

……………………………

……………………………

Celui que j'aime même s'il ne sert à rien (et qu'il n'a l'air de rien) :

……………………………

……………………………

……………………………

……………………………

Celui qu'on m'a transmis (et il faudra qu'on me passe sur le corps pour que je m'en sépare, je peux en venir aux mains, vraiment !) :

……………………………

……………………………

……………………………

……………………………

Celui que j'aimerais à mon tour laisser en héritage (à mes enfants si j'en ai, à un ami, à un cousin, à mon chat, à mon poisson rouge…) :

……………………………

……………………………

……………………………

……………………………

MA FAMILLE EN VRAI...

Je barre ce qui ne concerne pas la mienne.

SPONTANÉE
JOYEUSE
FIDÈLE
ACCRO AUX JEUX DE SOCIÉTÉ
RECOMPOSÉE
CURIEUSE
BONNE VIVANTE
MUTIQUE
FANTAISISTE
SOUDÉE
NÉVROSÉE
SOPORIFIQUE
CONVENTIONNELLE
STRUCTURÉE
AUTORITAIRE
CLIVANTE
ACCUEILLANTE
GLOBE-TROTTEUSE
VULNÉRABLE
HARMONIEUSE
SÉDENTAIRE
MULTIGÉNÉRATIONNELLE
NOMBREUSE
RÉDUITE
DISPERSÉE
ÉTOUFFANTE
UNIE
RÉCONFORTANTE
COMPLIQUÉE
BIENVEILLANTE

Je recopie tous les qualificatifs qui restent. Ma famille est ....

....

....

....

... ET EN ACTION

Le jour où on a remis les pendules à l'heure : ....

Le jour où on a fait la fête la plus démentielle : ....

Le jour où le·la cousin·e dont j'étais amoureux·se en secret (ou admiratif·ve) a détruit mes illusions : ....

Le jour où ça a viré au pugilat à cause d'une discussion sur la politique : ....

Le jour où on m'a fait confiance : ....

FAMILLE, JE T'AIME

Parce que...

FAMILLE, JE TE HAIS

Parce que...

C'EST DÉCHIRANT !

Promis, personne ne te voit, alors ose cet acte libérateur par la pointe symbolique de ton stylo.

Quel vêtement voudrais-tu déchirer ? ....

....

Quelle page de livre ? ....

....

Quel poster ou illustration ? ....

....

Quelle page de cahier ? ....

....

Quel document administratif ? ....

....

Quel ancien bulletin de notes ou mot d'un professeur ? ....

....

Quel papier peint ? ....

....

Quelle lettre ? ....

....

Bonus : et au passage, tu peux même casser quelque chose. Quel objet choisirais-tu ? ....

....

....

QUI EST AU BOUT DU FIL ?

C'est un appel téléphonique surprise, inespéré, que tu attendais depuis des années. Que te dit cette personne chère ?

Allô, c'est moi. ....

À toi de parler.

Allô, c'est moi. ....

GOURMANDISES

Reconnais un ou plusieurs de ces péchés de ton enfance HAUTEMENT coupables.

- ☐ La barre sur-chocolatée du distributeur
- ☐ Les bonbons extraterrestres sur les tables d'anniversaire
- ☐ Les « chouchous, cacahuètes grillées ! » vendus sur la plage
- ☐ Le cornet 3 boules + chantilly + pépites de chocolat du marchand ambulant
- ☐ Le sandwich jambon-beurre sur l'aire d'autoroute
- ☐ La raclette après une journée glacée d'hiver
- ☐ Le double hamburger + frites + mayonnaise + supplément fromage fondu (et + si affinité : + ...)
- ☐ Le paquet entier de gâteaux apéritifs (avec les doigts bien gras après)
- ☐ La barbe à papa ou la pomme d'amour de la fête foraine (avec les doigts bien collants après)
- ☐ Le saucisson entier et les boutons qui vont avec le lendemain
- ☐ L'île flottante voire l'île noyée sous la crème vanille et le caramel de la cantine

Entre la balance et toi, ambiance pacifique ou guerre froide ?

....

....

....

....

....

C'est un plat empli de chaleur humaine dont on t'a transmis le secret (le dessert d'une grand-mère, le plat de ta région, de ton pays...). Raconte le moment de cette préparation, quand cette personne le cuisinait, ses gestes intimes de fabrication.

HOMMAGE À MES LARMES

Parce qu'en coulant sur tes joues elles t'ont protégé·e et fait grandir dans les moments importants de ton existence, elles méritent bien un César.

Dans la catégorie « larmes de crocodile », versées pour séduire ou attendrir (très fréquentes dans la petite enfance en cas de frustration), le César revient à : ....

....

....

....

....

Dans la catégorie « larmes de gros chagrin », avec le menton qui tremble et le nez qui coule à flots, le César revient à : ....

....

....

....

....

Dans la catégorie « larmes intérieures », qui ont coulé goutte à goutte parce que la souffrance était trop forte, le César revient à : ....

....

....

....

....

....

Dans la catégorie « larmes catharsis », liées à une émotion esthétique (au spectacle, au cinéma, à la lecture d'un livre), le César revient à :

....

....

....

....

Dans la catégorie « larmes de rire », le César revient à : ....

....

....

....

....

Dans la catégorie « larmes romantiques », le César revient à : ....

....

....

....

....

Dans la catégorie « dernières larmes en date », le César revient à :

....

....

....

....

....

MON RADEAU DE LA MÉDUSE

Qu'est-ce que j'embarque d'essentiel (à part moi) ?

Un aliment : ....

Un animal : ....

Un livre : ....

Un film : ....

Une chanson : ....

Un objet grigri : ....

Un objet encombrant : ....

Avec quels matériaux et quelle technique je construis mon radeau (version *Koh-Lanta* ou *Castors junior*) ?

....

....

....

....

....

....

....

....

....

....

....

Sur quelle île je souhaiterais accoster ?
Mon île serait (j'entoure toute ce qui me séduit)...

VOLCANIQUE

AVEC UN HAMAC XXL

MINUSCULE, TYPE EAU TURQUOISE ET BANC DE SABLE

AVEC UNE GROTTE

TRÈS VERTE ET ARBORÉE, AU CLIMAT TEMPÉRÉ

AVEC UNE CABANE DANS LES ARBRES

AVEC DES COCOTIERS

OCCUPÉE PAR DES DAHUS

AVEC DES FONDS MARINS RICHES EN POISSONS ET CRUSTACÉS

LE REFUGE D'UNE LICORNE, CACHÉE DANS UNE CLAIRIÈRE

AVEC UN MESSAGE DANS UNE BOUTEILLE

LA CACHETTE D'UN TRÉSOR DE PIRATES

HABITÉE PAR UN ROBINSON (OU UNE ROBINSONNE)

....

....

....

....

....

....

MIROIR PSYCHÉ

Parce que ton corps d'enfant a laissé des traces touchantes dans celui d'aujourd'hui, regarde-le des pieds à la tête. Commence par répondre à la question 1, puis remonte petit à petit.

10. Ce détail tendre qui n'a pas changé depuis l'enfance : ....

....

....

....

9. Un héritage génétique flagrant : ....

....

....

....

8. Celle qui est la plus sensible (aux chatouilles, aux caresses, au froid...) : ....

....

....

7. Celle que les autres aiment (moi, pas forcément) : ....

....

....

....

6. Celle qui m'a apprivoisé•e au fil des ans : ....

....

....

5. Celle que j'ai toujours détestée : ……………………………………………

……………………………………………………………………………………

……………………………………………………………………………………

……………………………………………………………………………………

4. Celle qui m'est indifférente, pour laquelle je ne ressens pas grand-chose : ……………………………………………

……………………………………………………………………………………

……………………………………………………………………………………

……………………………………………………………………………………

3. Celle qui est la plus difficile à habiller : ……………………………………………

……………………………………………………………………………………

……………………………………………………………………………………

……………………………………………………………………………………

2. Celle pour laquelle je me suis toujours fait du souci : ……………………………

……………………………………………………………………………………

……………………………………………………………………………………

……………………………………………………………………………………

1. La partie du corps que j'ai modifiée (tatouage, opération…) ou que je modifie au quotidien (avec du maquillage, un accessoire…) :

……………………………………………………………………………………

……………………………………………………………………………………

……………………………………………………………………………………

……………………………………………………………………………………

COIFFURES

Les personnes qui me brossaient ou me coupaient les cheveux dans l'enfance : ....

....

....

....

....

La coiffure catastrophe que j'aurais préféré éviter, c'était ....

....

....

....

....

La coupe qui m'a redonné de l'énergie, c'était ....

....

....

....

La couleur qui aurait collé à ma personnalité (mais je n'ai pas osé), c'était ....

....

....

....

....

Cette chevelure magnifique m'a bouleversé•e et sidéré•e (celle d'une grand-mère, une cousine, un ami...). Je raconte ce qu'elle éveillait en moi et ce qu'elle a représenté.

ÉROS (DIEU DE L'AMOUR)

Quelles sont les propositions qui font écho à tes propres expériences ? Complète avec les tiennes.

☐ Billets doux griffonnés à l'école

☐ Pétrissage, malaxage de gadoue, pâte à sel, à pain...

☐ Jeu du docteur

☐ Effleurement de mains au ciné

☐ Danse collée-serrée

☐ Bain de minuit

☐ ....

☐ ....

☐ ....

Mes premiers baisers :

....

....

....

....

....

....

....

....

....

....

ET THANATOS (DIEU DE LA MORT)

Quelles sont les propositions qui font écho à tes propres expériences ? Complète avec les tiennes.

☐ Observation de la lente agonie d'une mouche (ou autre insecte)

☐ Mort subite d'un moustique par claquement de mains

☐ Torture de poupées ou de nounours

☐ Attaque massive d'une fourmilière

☐ ....

☐ ....

☐ ....

☐ ....

☐ ....

Ma première dissection en sciences naturelles d'une souris (ou d'une grenouille) :

....

....

....

....

....

....

....

....

....

SÉLECTION PHOTOS

Je rédige mes propres légendes.

La photo sur laquelle je me trouve très très laid•e : ....

....

....

....

Celle où je suis à hurler de rire : ....

....

....

....

Celle où je suis extraterrestre : ....

....

....

....

La plus dramatique pour moi : que s'est-il passé avant ou après la pose ? ....

....

....

....

Celle où je ne me sens pas du tout à la bonne place : ....

....

....

....

Celle que j'adore et que je garde au fond de mon portefeuille ou d'un tiroir : ....

....

....

....

Celle que j'aimerais voir s'animer : ....

....

....

....

Celle qui a été perdue : ....

....

....

....

Quelle est la personne invisible qui était derrière l'objectif pour prendre toutes ces photos ? Je la décris sous tous les angles.

....

....

....

....

....

....

....

....

MES ENDROITS

Ils m'ont marqué·e, j'y repense souvent.

L'endroit le plus mémorable atteint à vélo : ....

....

....

....

À pied : ....

....

....

....

En voiture : ....

....

....

....

En train : ....

....

....

....

En avion : ....

....

....

....

Et ce jardin d'enfance ou ce parc public à nul autre pareil, qui continue à fleurir en moi, j'en détaille tous les chemins et les croisements.

NI OUI, NI NON

Évite l'affirmation et la négation pour répondre à ces questions, et développe ainsi tes propres nuances.

Est-ce que tu avais peur la nuit ?

Est-ce que tu as des regrets ?

Est-ce que tu aimerais retourner en enfance ?

Est-ce que tes parents étaient parfois injustes ?

Est-ce que tu avais la sensation d'être privé·e de liberté ?

Est-ce que tes grands-parents étaient présents pour toi ?

Est-ce que tu peux situer l'événement, la date, la période où l'enfance t'a quitté·e, et le raconter ?

AU PRÉSENT
Mes pieds sur terre

« Fixe les instants de ton quotidien avant qu'ils ne te figent. »

Ce sont des petits détails qui sont sur ton chemin : une certaine lumière, une odeur... Ce sont des habitudes que tu as prises le matin, des inconnus croisés auxquels tu offres un sourire dans la rue, des rituels que tu fais avant de te coucher... Oui, tout cela, mine de rien, constitue ton existence d'aujourd'hui et en fait le sel émotionnel, malgré la répétition des gestes et la lassitude qui pourrait parfois s'installer. Alors, dans ce défouloir, prends le temps de tourner autour de ces choses de la vie, observe-les avec toute l'attention qu'elles méritent. Car en zoomant sur ces instants éphémères mais précieux, c'est aussi toi, par la même occasion, qui seras mis·e en lumière. Dans l'ici et maintenant, fais ta mise au point, déroule ton tapis rouge aux émotions simples... sans avoir à en rougir !

CE QUE JE CHERCHE TOUJOURS

- [ ] Mes clefs
- [ ] Mon téléphone portable
- [ ] Les horaires de bus
- [ ] Mon code de banque
- [ ] Le ticket de parking (qui glisse entre les sièges)
- [ ] Le panneau de sortie du parking (juste après avoir cherché le ticket)
- [ ] Mes lunettes
- [ ] Le tire-bouchon ou l'ouvre-bouteille
- [ ] La télécommande
- [ ] Le bouchon du dentifrice
- [ ] Le sel
- [ ] Le prénom de mon arrière-grand-mère
- [ ] Le pion stratégique du jeu de société (microscopique, évidemment)
- [ ] Sur mon bureau d'ordinateur, un fichier téléchargé la veille
- [ ] La seconde chaussette (celle qui va avec la première)
- [ ] ....
- [ ] ....
- [ ] ....
- [ ] ....
- [ ] ....
- [ ] ....
- [ ] ....
- [ ] ....
- [ ] ....

CE QUE JE GARDE À JAMAIS

Si je vide mon sac : ....

....

....

....

Si je vide ma cave, mon grenier ou mon débarras : ....

....

....

....

Si je vide la trousse de secours ou l'armoire à pharmacie : ....

....

....

....

Si je vide mes poches : ....

....

....

....

Si je vide ma tête : ....

....

....

....

5 PHRASES BIEN HONTEUSES

Ce que je dis quand...

... je me brûle : ....

....

....

... une voiture passe au feu rouge : ....

....

....

... on me double dans la file d'attente : ....

....

....

... mon ordinateur bugge et que tout disparaît : ....

....

....

... je marche pieds nus sur un Lego® ou un petit objet pointu : ....

....

....

En + : ces quelques gestes vulgaires qui me choquent moi-même.

....

....

....

....

....

....

....

MES 7 PÉCHÉS MINIMAUX

1. La série régressive que j'adore : ....

....

2. La chanson ringarde que je chante sous la douche : ....

....

3. Le vêtement tout pourri que personne n'est censé voir : ....

....

4. La dépense de la vie courante qui me rend rapiat·e : ....

....

5. La collection idiote que j'ai commencée : ....

....

6. La substance qui me rend addict : ....

....

7. Le luxe ridicule dont je ne peux me passer : ....

....

Mon péché bonus, celui qui est apparu avec le temps et qui va crescendo : ....

....

....

....

....

....

MON CORPS PARLE

J'ai la chair de poule à chaque fois que ....

....

Je rougis à chaque fois que ....

....

Je perds la voix à chaque fois que ....

....

J'ai les cheveux qui se dressent sur la tête à chaque fois que ....

....

J'ai des frissons dans le dos à chaque fois que ....

....

J'ai les mains qui tremblent à chaque fois que ....

....

J'ai le cœur qui se serre à chaque fois que ....

....

J'ai les jambes qui se dérobent à chaque fois que ....

....

J'ai des papillons dans le ventre à chaque fois que ....

....

J'ai l'estomac noué à chaque fois que ....

....

....

J'ai le dessus des lèvres qui transpirent à chaque fois que..............................

....

J'ai les mains moites à chaque fois que..

....

J'ai des plaques ou des boutons qui apparaissent à chaque fois que

....

J'ai les pieds qui font la danse de la joie à chaque fois que...........................

....

Comment se passe la cohabitation entre ton corps et ta tête, entre tes émotions et ta raison ?

....

....

....

....

....

....

....

....

....

....

....

....

MON CARNET DE BLESSURES

Accidents, chutes, bobos en tout genre.

Lieu	Cause	Époque

Je répertorie les dangers que ces blessures m'ont peut-être permis d'éviter, les personnes qu'elles ont mises sur mon chemin, les prises de conscience consécutives : ....

....

....

Personne soignante	Douleur sur une échelle de 1 à 10	Nombre de jours de convalescence	Cicatrices éventuelles

L'INSTANT JUSTE AVANT

Ce que je fais avant...

... de dormir : ....

....

....

....

... de quitter la table : ....

....

....

....

....

... de faire du sport : ....

....

....

....

... de fermer la porte d'entrée : ....

....

....

....

... de dire au revoir à quelqu'un : ....

....

....

....

....

... de faire les courses :

... un entretien ou rendez-vous important :

... de partir en voyage :

... de faire l'amour :

... de sortir voir un•e ami•e :

JE LIKE

Ces bruits :

Ces voix :

Ces matières :

Ces odeurs :

Ces lumières :

Ces cadeaux :

JE LIKE PAS DU TOUT

- Ces bruits : ....

....

....

- Ces voix : ....

....

....

- Ces matières : ....

....

....

- Ces odeurs : ....

....

....

- Ces lumières : ....

....

....

- Ces cadeaux : ....

....

....

BALANCE TON AVIS !

Tout le monde en parle... Et toi, tu en penses quoi ?

	Pour	Contre
L'esprit feel-good	☐	☐
L'expression « être en PLS » (en position latérale de sécurité)	☐	☐
Le vin en cannette	☐	☐
Les NFT (certificat de propriété d'un objet virtuel unique)	☐	☐
Le retour en force des chaussures iconiques des années 90 (genre sabots ou méduses en plastique)	☐	☐
Les youtubeur·se·s expert·e·s en coaching	☐	☐
Les distributeurs de pizzas	☐	☐
Le métavers (monde parallèle de la réalité virtuelle)	☐	☐
Les « bla bla caisses », ces caisses dédiées aux client·e·s bavard·e·s ou peu pressé·e·s	☐	☐
L'e-sport (les compétitions de jeux en ligne)	☐	☐
Les influenceur·se·s millionnaires	☐	☐
Le véganisme	☐	☐
L'écriture inclusive	☐	☐

Quel sujet de société actuel te donne sérieusement de l'urticaire ?

....

....

....

....

C'est un événement pour lequel on s'enthousiasme en général (Noël, le 31 janvier, les anniversaires, le départ à la retraite, la Saint-Valentin ou autre), mais pas toi. Tu ne l'aimes pas particulièrement, voire même tu le détestes.

MON LIVRE D'HEURES

Ces moments d'émotion suspendue.

Une heure cruciale de mon existence, où tout a basculé pour moi :

....

....

....

....

Mon heure de gloire : ....

....

....

....

Mon heure de honte : ....

....

....

....

L'heure où j'ai échappé au pire : ....

....

....

....

L'heure où j'ai claqué la porte et dit « non » : ....

....

....

....

....

Si tu devais n'en retenir qu'un, quel serait le jour de ta vie, celui où tu as cumulé les heures les plus extraordinaires ? Additionne et détaille ces réjouissances.

....

....

....

+ ....

....

....

....

+ ....

....

....

....

+ ....

....

....

....

+ ....

....

....

....

= le plus beau jour de ma vie

PSYCHORIGIDE SUR LES BORDS...

C'est un espace que tu as totalement investi et tu ne supportes pas qu'on le dérange (ta bibliothèque, ton établi, ton dressing, ton congélateur...). Raconte son organisation au centimètre près (tu peux même faire un plan).

... ET BIPOLAIRE ?

J'entoure les propositions qui font écho en moi.
Je peux ajouter les autres contradictions qui me caractérisent.

Sushi **ET** rosbif

Films de *serial killer* **ET** calendriers avec des bébés animaux

Baskets **ET** chaussures vernies

Rap **ET** orchestre symphonique

Rural·e **ET** citadin·e

Toile de tente **ET** grand hôtel

Eau plate **ET** vin

Mer **ET** montagne

Chien **ET** chat

Germinal de Zola **ET** *Cinquante nuances de Grey* de E.L. James

Foot **ET** rugby

Sport **ET** canapé

Yoga **ET** piste de danse

Dessous sexy **ET** pyjama en pilou

....

....

....

....

MON LÂCHER DE MENSONGES

1. Le + énorme (tu ne comprends toujours pas comment il est passé) : ....

....

....

....

2. Le + catastrophique (il a vraiment mal tourné) : ....

....

....

....

....

3. Le + bénéfique (il a aidé quelqu'un) : ....

....

....

....

4. Le + culpabilisant (il te donne encore les joues rouges) : ....

....

....

....

....

5. Le + collaboratif (tu n'étais pas seul·e sur le coup) : ....

....

....

....

....

Pourquoi t'arrive-t-il de mentir ?
Dis la vérité (elle peut être plurielle)...

☐ Pour la décharge d'adrénaline

☐ Parce que ça me replonge en enfance

☐ Pour faire comme les autres

☐ Pour me défendre sur le moment

☐ Parce qu'on a beaucoup menti dans ma famille

☐ Parce que la vie est illusoire

☐ Parce que j'ai peur de dire la vérité

☐ Parce que je mens comme je respire

Je raconte un mensonge dont j'ai moi-même été victime et qui m'a blessé·e : ....

....

....

....

....

....

....

Je raconte une vérité qui m'a blessé·e (et qui aurait donc mieux fait d'être un mensonge) : ....

....

....

....

....

....

....

MONSIEUR STRESS...

Je note ce qu'il me susurre sans la moindre censure.

... ET MADAME PHOBIE

Je fais une croix sur tout ce qui me touche ou m'a touché·e.

Agoraphobie
(peur des lieux publics)

Acrophobie
(peur des lieux élevés
et du vide)

Misophonie
(intolérance aux bruits
de bouche)

Coulrophobie
(peur des clowns)

Éreutophobie
(peur de rougir en public)

Gamétophobie
(peur du mariage)

Géphyrophobie
(peur de traverser un pont)

Mysophobie
(peur de la poussière)

Scopophobie
(peur d'être regardé·e)

Arachnophobie
(peur des araignées)

Phobie sociale
(peur des situations de groupe)

Climacophobie
(peur de prendre les escaliers)

Phobie scolaire
(peur de se rendre à l'école)

Ascensumophobie
(peur des ascenseurs)

Pédiophobie
(peur des poupées,
des mannequins ou autres
représentations d'êtres vivants)

Anuptaphobie
(peur d'être célibataire)

Nomophobie
(peur de se retrouver
sans réseau ou téléphone)

Nosocoméphobie
(peur des lieux de santé)

À MA PLUS GRANDE PEUR SUR TERRE

J'écris une lettre.

Chère peur, ...

....

....

....

....

....

....

....

....

....

....

....

....

....

....

....

L'adresse inscrite sur l'enveloppe : ....

....

Missive bien reçue. Ta plus grande peur sur terre est touchée, elle te répond avec humanité, plus comme une amie qu'une ennemie. Elle te livre même quelques astuces au passage pour l'atténuer.

Cher, chère ....

TOTEM

C'est ton arbre préféré, celui que tu aimes observer.
Décris-le. Tu peux même adopter un ton poétique.

Mon arbre totem est : ....

....

Son mouvement dans le vent : ....

....

....

....

....

....

....

....

....

Ses odeurs et ses couleurs : ....

....

....

....

....

....

....

....

....

Son ombre et sa fraîcheur : ....

....

....

....

....

....

....

....

....

Ses variations au fil des saisons : ....

....

....

....

....

....

....

....

....

Et je grave sur son écorce ce message d'espérance : ....

....

....

....

SANS TABOUS

J'écris noir sur blanc.

Les actions dont je peux me vanter : ....

....

....

....

....

....

....

Le personnage sacré, inatteignable, avec lequel je voudrais vivre une folle histoire d'amour : ....

....

....

....

....

....

Mes fantasmes sexuels les plus secrets : ....

....

....

....

....

....

Ce que je ferais si je gagnais au loto et gardais tout l'argent pour moi : ....

....

....

....

....

....

....

....

Ce que je ferais de politiquement incorrect dans la seconde où je serais nommé·e président·e : ....

....

....

....

....

....

....

....

J'écris ci-dessous la phrase la plus transgressive qui me passe par la tête et je la souligne en noir !

PROCRASTINATION

Je prolonge cette phrase par tous mes moments de rien, de vide intersidéral.

J'AI PARFAITEMENT LE DROIT DE...

J'AI PARFAITEMENT LE DROIT DE...

J'AI PARFAITEMENT LE DROIT DE...

J'AI PARFAITEMENT LE DROIT DE...

J'AI PARFAITEMENT LE DROIT DE...

J'AI PARFAITEMENT LE DROIT DE...

J'AI PARFAITEMENT LE DROIT DE...

J'AI PARFAITEMENT LE DROIT DE...

J'AI PARFAITEMENT LE DROIT DE...

J'AI PARFAITEMENT LE DROIT DE...

POUSSE-AU-CRIME

C'est un agacement quotidien qui te rend fou·folle (le bruit du pop-corn au cinéma, ton voisin qui déplace ses meubles à minuit...). Supprime celui ou celle qui te gêne grâce à ce scénario vengeur.

Victime : ....

Mobile du crime : ....

Arme du crime : ....

Heure : .... Lieu : ....

Mode opératoire : ....

....

....

....

....

....

....

....

....

Signature (la petite touche personnelle que tu laisses) : ....

....

....

....

....

Inventaire de toutes les personnes insupportables – passées et présentes – que tu aurais envie de gifler, boxer, voire éliminer sauvagement (personnalités publiques comprises).

CE QUI ME FAIT RIRE

J'entoure les propositions qui me touchent sans la moindre honte (et je complète).

QUELQU'UN QUI TOMBE DANS LA RUE

MES VOISINS
(MÊME SI C'EST INVOLONTAIRE DE LEUR PART)

....

....

....

MES BEAUX-PARENTS
(MÊME SI C'EST INVOLONTAIRE AUSSI)

LES BLAGUES DE BEAUF

LES LAPSUS ÉROTIQUES

LES BLAGUES DE TOTO

LES VIDÉOS YOUTUBE AVEC DES ANIMAUX

....

....

....

CELUI OU CELLE QUI SE DÉGUISE ALORS QU'IL NE FALLAIT PAS

LES BRUITS INCONTRÔLÉS
(GENRE FLATULENCE...)

LES FOUS RIRES

....

....

....

LES ÉMISSIONS DE TÉLÉRÉALITÉ
(AU SECOND DEGRÉ)

LES FEUX DE L'AMOUR
(AU TROISIÈME DEGRÉ)

....

....

....

LES RATÉS DES SPORTIF·VE·S
(SANS SÉJOUR À L'HÔPITAL)

LES BLAGUES CARAMBAR®
(AU QUATRIÈME DEGRÉ)

LE CONCOURS DU PLUS GROS MANGEUR DE SAUCISSES

....

....

....

PROFESSION : COMIQUE

Top 3 des situations où tu as fait hurler de rire les autres.

1. ....

....

....

2. ....

....

....

3. ....

....

....

Flop 3 des situations où tu as complètement loupé tes effets.

1. ....

....

....

2. ....

....

....

3. ....

....

....

Si tu te lançais comme humoriste…

Titre de ton one-wo·man show : ....

....

Ta salle de spectacle : ....

....

Ton décor : ....

....

Ton costume : ....

....

Tes accessoires : ....

....

Tes meilleurs jeux de mots : ....

....

....

....

....

Le début de ton spectacle : ....

....

....

....

....

....

HUMOUR NOIR

Je dirige mes propres funérailles (car on n'est jamais mieux enterré·e que par soi-même !).

Date choisie : ....

Météo souhaitée : ....

....

Type de fleurs : ....

....

Musique : ....

....

Nom du cimetière et de l'allée : ....

....

Mon épigraphe : ....

....

....

....

Ma *blacklist* (les personnes que je ne veux surtout pas inviter) :

....

....

....

....

....

Le discours d'hommage rédigé par moi-même en amont (forcément) :

AU FUTUR
Mon coeur dans les étoiles

« Pour que ton avenir s'étire à l'infini,
connecte-toi à l'invisible. »

Retiens la nuit et ses 1 001 silences. Accepte de rêver les yeux grands ouverts et de ralentir le rythme, à rebours de notre société efficace et performante. Cette troisième partie de ton défouloir émotionnel t'invite à écrire au ralenti, sur la pointe du stylo, en levant la tête et en regardant du côté du ciel. Avec un peu de chance et de la patience, tu verras passer quelques étoiles filantes prometteuses, se dessiner aussi tes constellations amoureuses. Ces signes te sont destinés. Ils ne sont ni illusoires, ni ridicules même si les autres ne les voient pas. Pars à la rencontre de tes croyances. Elles resteront à jamais tes secrets intimes. Bien gardées par l'écriture.

À L'AIR LIBRE

Les nuages me font songer à ....

....

....

Le vol des oiseaux me fait songer à ....

....

....

Un arc-en-ciel me fait songer à ....

....

....

La lune me fait songer à ....

....

....

La brume me fait songer à ....

....

....

La traînée volatile d'un avion me fait songer à ....

....

....

Les étoiles me font songer à ....

....

....

Les 3 soleils levants qui m'ont bouleversé·e.

1. ....

....

....

2. ....

....

....

3. ....

....

....

Les 3 soleils couchants qui m'ont bouleversé·e.

1. ....

....

....

2. ....

....

....

3. ....

....

....

....

ÉVASION

J'entoure ce qui déclenche ma rêverie et je complète.

LA RANDONNÉE

LE RESSAC D'UNE VAGUE

LE BOURDONNEMENT DES ABEILLES

LE DÉSHERBAGE DANS LE JARDIN

LES GOUTTES DE PLUIE SUR UNE VITRE

LE VENT DANS LES FEUILLES DES ARBRES

NAGER

LA MÉDITATION

LIRE

REGARDER PAR LA FENÊTRE

LE SON D'UN BOL TIBÉTAIN

ÉCOUTER MA MUSIQUE PRÉFÉRÉE

OBSERVER LES GENS DEPUIS LA TERRASSE D'UN CAFÉ

COLORIER

FAIRE DES MOTS-CROISÉS

....

....

BERCER UN BÉBÉ

....

....

....

....

Sur une échelle de 1 à 5, je suis un·e rêveur·se du type :

Contrarié·e dans l'enfance ☐☐☐☐☐

Distrait·e au volant ☐☐☐☐☐

Qui partage ses délires avec les autres ☐☐☐☐☐

Qui parvient difficilement à se réveiller ☐☐☐☐☐

Qui va au bout de ses rêves ☐☐☐☐☐

Surréaliste ☐☐☐☐☐

Maladroit·e ☐☐☐☐☐

Somnambule ☐☐☐☐☐

Bienheureux·se ☐☐☐☐☐

Le rêve qui ne m'a jamais quitté·e et réciproquement : ....

....

....

....

....

....

....

....

....

....

....

....

....

ATTERRISSAGES FORCÉS

Je raconte quelques retours compliqués au réel.

Les vacances ratées alors qu'elles devaient être fantastiques : ....

....

....

....

....

....

L'événement à mourir d'ennui alors qu'il devait être une fiesta de folie : ....

....

....

....

....

....

La révélation de la supercherie du Père Noël alors qu'il était la star de mon existence : ....

....

....

....

....

....

....

L'expérience professionnelle qui ne s'est pas déroulée comme prévu : ....

....

....

....

....

....

....

L'examen scolaire qui m'a fait perdre mes moyens et/ou dont le résultat m'a déçu·e : ....

....

....

....

....

....

....

Un être aimé qui a chuté brutalement de son piédestal : ....

....

....

....

....

....

....

AUTOPORTRAIT MERVEILLEUX

Je poursuis les phrases qui m'inspirent.

Si j'étais un astre, je serais...

Si j'étais une star du show-biz, je serais...

Si j'étais un bijou, je serais...

Si j'étais une fleur, je serais...

Si j'étais un insecte, je serais..

Si j'étais une lumière, je serais..

Si j'étais une ombre, je serais..

Si j'étais un monument, je serais...

Si j'étais une ville, je serais...

Si j'étais un esprit magique, je serais..

Si j'étais un humain très intelligent, je serais...

Si j'étais une couleur fascinante, je serais..

Si j'étais un chant, je serais...

Si j'étais une fable, je serais..

Si j'étais un miracle, je serais..

Si j'étais un plat exotique, je serais...

Si j'étais un paysage, je serais...

Si j'étais un grand sage, je serais ....

Si j'étais un canon de beauté, je serais ....

Si j'étais une invention prodigieuse, je serais ....

Si j'étais un métier impressionnant, je serais ....

Si j'étais une lettre de l'alphabet, je serais ....

Si j'étais un animal extraordinaire, je serais ....

Si j'étais une œuvre de musée, je serais ....

Si j'étais un·e artiste reconnu·e, je serais ....

Si j'étais un·e champion·ne sportif·ve, je serais ....

Si j'étais un livre brillant, je serais ....

Si j'étais un feu, je serais ....

Si j'étais une étendue d'eau, je serais ....

Si j'étais une salle de spectacle, je serais ....

Si j'étais un accessoire de beauté, je serais ....

Si j'étais un couple célèbre, je serais ....

Si j'étais un palais, je serais ....

Si j'étais un moyen de transport luxueux, je serais ....

MON PÊLE-MÊLE AMOUREUX

Je note, sans réfléchir, les épisodes amoureux que mon cœur associe à chacun de ces termes.

Premiers pas

....

....

....

....

Caresses

....

....

....

....

Scène de ménage

....

....

....

....

Regrets

....

....

....

....

Rumeur

Absence

Regards

Retrouvailles

Dans ces bras-là

Infidélité

En vacances

Fou rire

Rituels

Texto

Bouquet de fleurs

Vieillir ensemble

MA PLUS BELLE HISTOIRE D'AMOUR

C'était toi, c'est toi ou bien... ce sera toi ! J'écris une lettre pour déclarer ma flamme et raconter tous les détails de notre relation ou bien imaginer notre histoire à venir, si nous ne nous sommes pas encore rencontré·e·s.

Cher, chère..

MON ANGE GARDIEN

Identité : ....

....

Interview vérité.
Il me pose quelques questions en direct du ciel.

1. Quand as-tu senti ma présence pour la première fois ? Qu'as-tu éprouvé ?
2. La légende dit que je suis de sexe neutre, mais pour toi, est-ce le cas ?
3. Quels sont les événements un peu magiques de ta vie ou les coïncidences où tu as eu le sentiment que j'étais à tes côtés ?
4. As-tu un ou plusieurs reproches à me faire concernant ma mission ? As-tu le sentiment que je n'ai pas toujours veillé sur toi comme il faut ?
5. Si tu voulais que je transmette un message de ta part à l'Univers, quel serait-il ?

Je joue le jeu et lui réponds point par point.

1. ....

....

....

....

....

....

2. ....

....

....

....

....

3. ....

....

....

....

....

4. ....

....

....

....

....

5. ....

....

....

....

....

....

LES PERSONNES QUE J'AI AIDÉES

Celles qui ne le savent pas : ....

....

....

....

Celles avec lesquelles j'ai essayé sans tout à fait réussir : ....

....

....

....

Celles qui n'ont eu aucune gratitude : ....

....

....

....

Celles que j'ai aidées sans m'en rendre compte : ....

....

....

....

Et puis il y a celles que je voudrais aider : ....

....

....

....

....

ÉLOGE À TOI

Il y a aussi cette personne, un·e inconnu·e croisé·e par hasard qui a bouleversé positivement le cours de ma vie ou bien encore une célébrité qui m'a inspiré·e, même si nous ne nous sommes jamais rencontré·e·s. Il est temps de lui dire merci.

Toi, qui..

TRINITÉS

Mes mantras et mes appuis émotionnels.

3 valeurs

....

....

....

3 loisirs

....

....

....

3 gestes

....

....

....

3 porte-bonheurs

....

....

....

3 plantes

....

....

....

3 lieux de sortie

....

....

....

3 êtres chers

....

....

....

3 dates ou faits historiques

....

....

....

3 livres

....

....

....

3 jours du calendrier

....

....

....

3 pays

3 vêtements

3 chambres où j'ai dormi

3 langues

3 proverbes ou citations fétiches

3 ...

3 ...

3 ...

3 ...

MES CONFESSIONS

J'ai surpris une conversation où l'on parlait de moi, je suis resté·e pour écouter.

J'ai fouillé dans des affaires, j'ai fait une découverte qui m'a sidéré·e.

J'avais juré de ne pas répéter cette confidence mais je l'ai fait.

J'ai volé.

J'ai enfreint le Code de la route (même un tout petit peu).

J'ai triché.

J'ai pris une cuite (ou bu un verre de trop).

J'ai eu plusieurs amours en même temps (en vrai, en pensée ou dans mes rêves).

DÉLIRES

Note en dessous de chaque mot une ou plusieurs sensations, des images, même floues, qui te reviennent de tes rêves.

Eau

....

....

....

Vol

....

....

....

Course

....

....

....

Chute

....

....

....

Métamorphose

....

....

....

CAUCHEMAR

Celui qui t'a réveillé·e avec le cœur battant.

J'écris sa chute en lettres capitales :

**Et si finalement je transformais ce cauchemar en rêve ?
Je revois ma nuit en rose (je peux même l'écrire en couleur)...**

MA COMMANDE

Liste des rêves que j'aimerais bien faire dans les nuits à venir.

Conseil bonus : place ce défouloir sous l'oreiller, plié à cette page, avant de te coucher afin que ta commande soit bien transmise à la nuit.

MA NUIT AU...

Dans quel lieu rêverais-tu d'être enfermé·e le temps d'une nuit ? (Dans un musée ? Une chocolaterie ? Au Stade de France ?) Raconte en détail cet épisode magique qui commence sous les coups de 20 heures et se termine au petit matin.

À 20 heures : ....

À partir de minuit, jusqu'au petit matin :

PETITES MUSIQUES DE MA VIE

Pour chacune de ces mélodies, je note le titre et les raisons de mon attachement.

Elle me défoule : ....

....

....

....

....

....

Elle me berce : ....

....

....

....

....

....

....

Elle me (re)donne le sourire : ....

....

....

....

....

....

....

Elle est liée à ma vie sentimentale : ....

....

....

....

....

....

Elle a accompagné un ou plusieurs grands événements de mon existence : ....

....

....

....

....

....

Et puis il y a celle que je n'arrive plus à entendre : ....

....

....

....

....

....

Comment pourrais-tu nommer cette playlist de ta vie ?

....

....

JE FAIS MON CINÉMA

Sélection sur grand et petit écran de mes séquences émotions.

Le film qui ressemble à ma vie : ....

....

....

Le classique que je visionne régulièrement : ....

....

....

Celui qui me fait pleurer toutes les larmes de mon corps (même après le générique de fin) : ....

....

....

Celui qui a le scénario le plus inouï : ....

....

....

Celui qui a un effet totalement soporifique : ....

....

....

Celui dont la fin m'a choqué·e : ....

....

....

Image bonus : relis les titres de ces films à voix haute les uns à la suite des autres. N'est-ce pas un petit bout de ta vie qui défile ?

Ma série *revival* :...

....

....

Celle dont je peux enchaîner les saisons non-stop de jour comme de nuit : ....

....

....

Celle dans laquelle j'aimerais tourner (même pour incarner un pot de fleurs) : ....

....

....

Ma scène cultissime, toutes séries confondues :...

....

....

....

Le personnage dans lequel je me reconnais :...

....

....

Le personnage dont le sort m'a totalement surpris·e voire révolté·e :

....

....

....

MES SUPERPOUVOIRS

Si j'étais invisible, je ....

Si je pouvais déplacer des objets par télékinésie, je ....

Si je me déplaçais à la vitesse de la lumière, je ....

Si je contrôlais le feu, je ....

Si j'avais une force surhumaine, je ....

Si je pouvais prendre l'apparence de quelqu'un, ce serait celle de

Si je pouvais lire dans les pensées, je

Si je pouvais faire exaucer trois souhaits, ce serait :

1.

2.

3.

Si je pouvais voyager dans le temps, je

Si j'avais la jeunesse éternelle, je

MES PROJETS

J'aimerais arrêter ....

J'aimerais trouver le temps ....

J'aimerais essayer ....

J'aimerais changer ....

J'aimerais apprendre ....

J'aimerais créer ....

J'aimerais rencontrer ....

J'aimerais continuer ....

J'aimerais écouter ....

J'aimerais cultiver ....

J'aimerais risquer ....

J'aimerais jouer ....

J'aimerais aider ....

J'aimerais être ....

....

....

....

....

....

....

....

MACROPLANNING

Dans 1 mois, je ....

....

Dans 6 mois, je ....

....

Dans 1 an, je ....

....

Dans 2 ans, je ....

....

Dans 3 ans, je ....

....

Dans 5 ans, je ....

....

Dans 10 ans, je ....

....

Dans 15 ans, je ....

....

Dans 20 ans, je ....

....

Dans 25 ans, je ....

....

Et demain ? ....

AVENTURES

Je ne voudrais pas mourir avant d'avoir...

... vu ....

....

....

....

....

....

... goûté ....

....

....

....

....

....

....

... senti ....

....

....

....

....

....

....

... touché

... entendu

... eu l'intuition de

JOYEUX ANNIVERSAIRE !

Aujourd'hui, tu as cent ans. Mets en scène la photo réalisée à cette occasion : tenue, décor, objets, invités, photographe, gâteaux, cadeaux...

MON BACCALAURÉAT ÉMOTIF

Pour chaque lettre de l'alphabet, écris spontanément un mot qui te touche (tu prononces ce mot à voix haute et tu l'accueilles sans chercher à faire le tri). Il peut provoquer chez toi de la joie, de la colère, de la honte, de la peur, du dégoût, de l'amour, de la tristesse, ou bien tout cela mêlé…

A comme ……………………………………………………………………

B comme ……………………………………………………………………

C comme ……………………………………………………………………

D comme ……………………………………………………………………

E comme ……………………………………………………………………

F comme ……………………………………………………………………

G comme ……………………………………………………………………

H comme ……………………………………………………………………

I comme ……………………………………………………………………

J comme ……………………………………………………………………

K comme ……………………………………………………………………

L comme ……………………………………………………………………

M comme ……………………………………………………………………

N comme..

O comme..

P comme..

Q comme..

R comme..

S comme..

T comme..

U comme..

V comme..

W comme..

X comme..

Y comme..

Z comme..

Pas de stress si tu n'as pas trouvé un mot pour chaque lettre. Car en matière d'émotions, il n'existe aucun critère d'évaluation. Tu pourras toujours revenir sur ce baccalauréat demain, après-demain... et le compléter ou le changer, selon ton humeur du jour.

SORTIE DU DÉFOULOIR

Comment te sens-tu après cette traversée émotionnelle ?

Inscris ci-dessous le mot qui te vient :

....

Si tu en es à cette page-là, c'est que tu as fait du chemin, écouté tes désirs d'enfance, combattu les faux-semblants, projeté tes scénarios de vie. Tu as aussi laissé s'exprimer tes petites voix intérieures, celles qui ne trichent pas, celles qui viennent du cœur et du corps, les voix authentiques, même si elles sont parfois dérangeantes... À l'issue de ce parcours créatif, tu n'es plus le·la même, c'est certain.

Les émotions, des plus subtiles aux plus extrêmes, sont des puissances de transformation, des lignes de force. Elles font sortir d'un « moi » figé et étriqué, elles rendent vivant·e.

Alors, ne laisse jamais personne les juger ni les réprimer !

Ce petit défouloir reste ta propriété privée. Oui, tu vas bientôt tourner sa dernière page. Mais à l'avenir, continue à garder en mémoire ces exercices d'écriture et leurs remue-méninges, ne combats pas tes émotions, au contraire, fais-leur de la place, laisse-les toujours entrer.

D'ailleurs, il te reste encore trois portes à ouvrir.

LA PORTE QUI OUVRE SUR TON PASSÉ

Qui la referme ?

LA PORTE QUI OUVRE SUR TON PRÉSENT

Qui entre avec toi ?

LA PORTE QUI OUVRE SUR TON AVENIR

Qui sonne ?